짜장면
더 주세요!

탁탁탁탁

슥 스윽

딱! 화아악

탁, 쪽! 척척척

조물조물

짜아아 쉬익

짜르륵 화르륵

보글보글 짜아아

좌르르륵!

"쓰읍!"
소리만 들어도 침이 꼴깍.
누가 내는 소리게?

쫄깃쫄깃 국수 가락도 뽑고, 착착착 채도 썰고,
달달달 고기도 볶는 사람.
우리 동네에서 가장 맛있는 짜장면을 만드는 사람.
짜잔! 바로 우리 아빠야.

중식 요리사는 첫째! 불을 잘 다룰 줄 알아야 한다. 그게 기본이다. 둘째…….

또 애들 데리고 장난치소. 언능 더 해 주소. 애들 배고프다.

알았다…….

와, 불 뿜는 공룡이다!

엄마 배연희
신흥반점 사장님.
아빠랑 손발이 척척 맞는
짝꿍이야.
무엇이든 반짝반짝
빛나게 닦는 걸 좋아해.

동생 이강우
미운 일곱 살. 햇살 유치원 병아리반.
나만 졸졸 따라다녀.
공룡이랑 탕수육을 좋아해.

일과 사람
01 중국집 요리사

짜장면
더 주세요!

이혜란 쓰고 그림

사계절

우리 아빠는 장 보는 일로 하루를 시작해.
싱싱한 재료를 사러 아침 일찍
시장에 가는 거지.
오늘은 토요일이라서
나도 따라갈 거야.

"싱싱한 새우, 물 좋은 오징어 있어요!"
"팍신팍신 햇감자 사이소!"
우리 동네 새벽시장이야. 언제나 시끌벅적해.
아빠가 자주 가는 단골 가게도 많고, 우리 집 단골손님도 많아.

아빠가 그러는데, 양파든 오징어든 싱싱한 걸 써야 한대. 그래야 맛있대.
아빠는 척 보면 맛있는 재료인지 아닌지 다 알아.
오늘은 뭘 샀는지 장바구니를 볼까?

싱싱한 채소, 살아 있는 해산물, 탱탱한 고기!

푸른채소 아주머니는 우리 엄마 친구야.
오이처럼 날씬해.

"강희 니도 채소 많이 먹으면 예뻐진다."

양파는 겉껍질이 잘 마르고 단단하고 빛깔도 예쁜 걸로 산다. 중국 요리란 요리에 다 들어간다.

배추는 속이 꽉 차고 줄기가 두툼해야 먹을 게 있다. 국물 요리에 많이 쓴다.

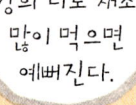

당근은 잔뿌리 없는 게 좋다. 빛깔이 고와서 요리에 쓰면 예쁘다. 같은 값이면 보기 좋은 게 맛도 좋다.

호박이랑 **오이**는 꼭지가 싱싱하고 굵기가 고른 걸로 산다. 호박은 국물 요리에 넣고, 오이는 채 쳐서 냉채에 넣는다.

양배추는 꼭지가 싱싱한 게 좋다.

한우한마당 삼촌은 목소리도 크고 손도 커.
인심도 좋아. 우리 아빠가 만든 짬뽕을 아주 좋아해.

"형님, 점심은 곱빼기로 갖다 주이소."

돼지고기는 분홍빛을 띠고 탱탱한 것으로 고른다. 탕수육이나 짜장면 만들 때 많이 쓴다.

돼지비계는 뜨겁게 달군 팬에 넣고 녹여서 기름을 만든다. 하얗고 탱탱한 것이 좋다. 짜장 볶는 기름이 바로 돼지기름이다.

소고기는 산뜻한 붉은빛이 돌고 사이사이 하얀 기름이 골고루 박힌 것이 좋다.

요리사는 재료를 잘 고를 줄 알아야 한다.
좋은 재료로 요리하는 건 요리사의 양심이지, **양심!**

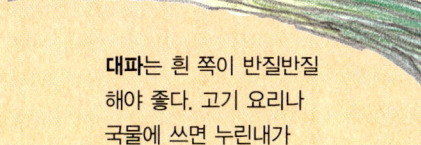

시금치는 이파리 빛깔이 짙은 걸 고른다. 뿌리가 불그스름한 것이 달다.

대파는 흰 쪽이 반질반질 해야 좋다. 고기 요리나 국물에 쓰면 누린내가 없어지고 개운하다.

감자는 껍질 얇은 걸로 잘 골라서, 짜장 양념 볶을 때 깍둑 썰어 넣는다.

싱싱해물 상이 할매는 날마다 새벽에 갓 잡은 해산물을 받아 오셔. 상이는 나랑 한 반이야.

"우리 손자랑 사이좋게 놀아래이."

새우는 모양이 반듯하고 껍질이 반들반들해야 좋다. 냉채나 팔보채에 쓴다. 깐풍새우에는 큰 새우를 쓴다.

소라는 껍데기 속에 살이 꽉 찬 것, **홍합, 피조개, 대합** 같은 조개들은 입을 꼭 다물고 있는 것으로 산다.

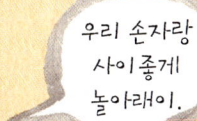

오징어는 빨판이 손에 붙는 게 싱싱하다. 해물 요리에 두루 쓴다.

문어는 살아 있는 걸로 사야 한다. 국물에 넣으면 시원하고 깊은 맛을 낸다. 냉채 만들 때도 쓴다.

해삼은 말린 걸 사는데 빛깔이 까맣고 모양도 반듯한 게 좋다. 유산슬에도 넣고, 팔보채나 양장피에도 넣는다.

"해물이랑 고기는 장바구니에 담아서 집으로 출발!"

"나머지는 트럭으로 배달!"

중국집 부엌 본 적 있어?
우리 집은 엄마가 대장인데, 부엌에서는 아빠가 대장이야.
무서운 가스 불도 있고, 뜨거운 기름도 튀고, 큰 칼도 있어서
요리할 때는 나도 못 들어가.

냉장고

오징어 참 물 좋네.

반죽 도마
밀가루 반죽을 밀고 치는 판.

반죽 그릇

전기밥솥

춘장

배달 받는 재료

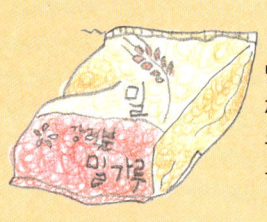
밀가루
짜장면, 짬뽕,
우동에 들어가는
국수를 만들 때 쓴다.

녹말가루
녹말가루를 물에 풀어
두었다가 양념에 넣으면
양념이 걸쭉해진다. 짜장
양념, 탕수육 양념 만들
때 쓴다.

춘장
짜장면 만들 때 넣는 장.
시커먼 색이다.

단무지
곁들여 먹는 반찬. 무를 새콤달콤하게 절여서 만든 것.

달걀
볶음밥에도 넣고, 얇게 부쳐서 채로 썰어 양장피에도 넣는다.

부엌에서 온갖 소리가 나기 시작해.
시장에서 사 온 재료를 씻고 다듬어서 알맞은 모양으로 썰고 다져 놓지.
미리미리 준비해야 주문 들어오면 빨리 요리를 만들 수 있거든.
탁탁탁탁, 톡톡톡톡, 탕! 탕! 착착착!
꼭 음악 소리 같지? 정말 신 나!

조리대
여기서 채소를 다듬고 씻는다.

강우야, 세수는 했나?

장사 준비는 이렇게

손님상에 고춧가루, 식초, 간장, 휴지, 젓가락 채워 넣기

국수 삶을 물 끓이기

맛국물 내기

면으로 만든 옷
중국 요리는 센 불을 많이 쓰니까 한여름엔 땀이 줄줄 흐른다. 하루에 몇 번이고 옷을 갈아입는다.

모자
음식에 머리카락이나 땀방울이 떨어지지 말라고 쓴다.

대나무 솔
팬 닦는 솔. 팬이 긁히지 않게 살살 닦는다.

앞치마
삶아 쓰기 좋게 면으로 만든 걸 쓴다.

양념통
소금, 설탕, 고춧가루, 간장, 후춧가루, 식초, 겨자, 깨, 참기름, 맛술, 케첩 들이 있다.

도마
소나무로 만든 걸 써야 칼날이 상하지 않는다. 하루 일을 마치면 펄펄 끓는 물을 부어 소독한다. 햇빛을 쐬어서도 소독한다.

고무 신발
부엌에는 늘 물이 많아서 고무 신발을 신는다. 밖에서 흙이나 먼지를 묻혀 오지 않도록 부엌에서만 신는다. 원래는 발을 보호하는 안전화를 신지만, 배달도 다니니까 신고 벗기 편한 슬리퍼가 좋다.

돼지비계로 기름 내기

채소랑 고기, 해산물 다듬기

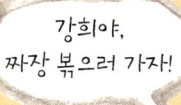
강희야, 짜장 볶으러 가자!

두둥! 20년 손맛 짜장 양념 만들기

무엇이 필요해? (열 그릇 만들 양)

양파 5개 · 감자 3개 · 호박 1개 · 배춧잎 2장 · 돼지고기 300그램
설탕 · 춘장 · 돼지기름 · 물녹말

❶ 채소랑 고기를 비슷한 크기로 깍둑썰기한다.

❷ 기름에 춘장을 넣고 약한 불에서 바글바글 볶아 놓는다.

❸ 팬에 기름을 두른 뒤 고기, 감자, 나머지 채소 순서로 익혀 가면서 볶는다. 거기에 볶아 둔 춘장을 넣고 센 불에서 후다닥 볶는다.

❹ ❸에 맛국물을 넣고, 팔팔 끓으면 물녹말을 넣어 걸쭉하게 만든다. 설탕은 입맛에 따라!

일 학년 때 동무가 짜장면보다 짜장 라면이 더 맛있다고 그러는 거야.
그래서 내가 뭐가 더 맛있나 내기하자고 했어.
어떻게 됐냐고? 물론 내가 이겼지!
우리 아빠가 짜장면을 해 주셨거든.

뭐가 더 맛있노?   짜장면!

"어서 오이소!"
첫 손님이 왔어. 와, 아기 업은 아주머니다. 손님이 줄줄이 들어오겠는데!
첫 손님을 마수손님이라고 하는데, 마수손님을 보고
그날 장사가 어떨지 점치기도 해.

재미로 하는 거지만, 장사가 잘되길 바라는 마음이 담겨 있는 거야.
반가운 마수손님한테는 군만두를 그냥 드리기도 하지.
오늘은 아주 바쁘겠어.

맛있게 해 드릴게요.

가장 반가운 마수손님이 누구게?

상주
가족 가운데 누가 돌아가셔서 상 치르는 사람을 상주라고 하는데, 가장 귀한 마수손님이래. 아마도 슬픈 일을 당한 사람한테 잘 대해 주라는 뜻인가 봐. 그런데 말이지, 우리 가게 가까운 곳에 큰 공원 묘지가 있어서 상주 손님이 자주 와. 우리 가게는 상주 손님에겐 밥값을 안 받아.

아기 업은 사람
아기 업은 사람이 첫 손님으로 오면, 그 뒤로 손님이 줄줄이 들어온대. 아기를 업은 것처럼 손님을 업고 온다고 말이야.

와, 오늘 장사 참말로 잘될랑갑다!
점심 먹을 시간도 없겠네.
밥 안 먹어도 배부르겠다.

잉, 점심으로 탕수육, 난자완스, 팔보채도 먹고 싶은데……

아빠 나는 밥 대신 탕수육!

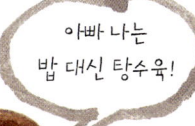

점심시간이야.
신흥반점이 북적북적 꽉 찼어. 토요일이라 손님이 더 많아.
손님들은 먹느라 바쁘고,
엄마는 음식 나르고 계산하느라 바쁘고,
나도 단무지 나르고 주문 전화를 받느라 바빠.

이렇게 바쁜데 우리 아빠는 부엌에서 춤추고 있다고?

아니야, 밀가루 반죽으로 국수 가락을 뽑는 거야.
흔들흔들, 휙, 탕! 탕!
반죽이 차츰 가닥가닥 가느다란 국수 가락이 되고 있어.
이렇게 꼬고, 흔들고, 때릴 때마다 쫄깃쫄깃 탱탱한 국수 가락들로 변하는 거야.
날마다 보는데도 참 신기해.

잘 봐라.
이게 힘으로 하는 게 아니다.
등이랑 허리를 튕기면서
흐름을 타야지. 그래야 반죽이
안 끊기고 죽죽 늘어난다.

진짜 멋지다!
반죽이 꼭 살아
있는 것 같다.

국수는 그때그때 뽑아야 제맛

❶ 밀가루에 물을 넣어 반죽을 한다. 반죽을 주무르고 치댈수록 끈기가 생긴다.

❷ 반죽을 길게 늘인다.

❸ 두 끝을 하나씩 쥐고 꽈배기처럼 꼬면서 반으로 접는다.

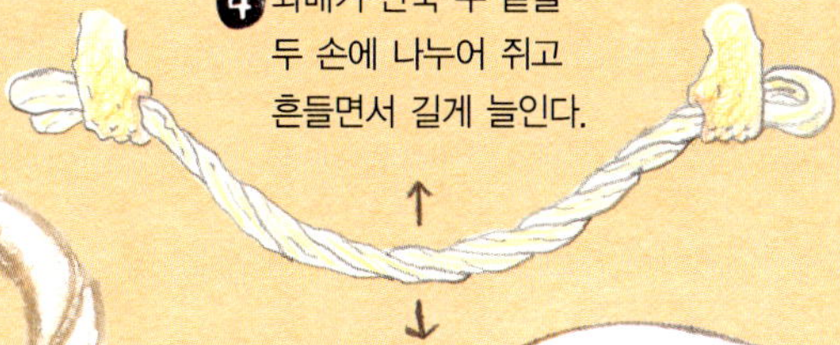

❹ 꽈배기 반죽 두 끝을 두 손에 나누어 쥐고 흔들면서 길게 늘인다.

❺ 반죽을 도마에 탕! 탕! 친다. 반죽을 도마에 치면서 늘이면 더 탱탱하고 쫄깃쫄깃해진다. 밀가루를 뿌려 가면서 해야 달라붙지 않는다.

알겠지? 접고, 흔들고, 때리고! 반으로 접을 때마다 둘, 넷, 여덟, 열여섯 가닥, 이렇게 곱절로 늘어나는 거야.

한 그릇에 128가닥 들어간다.

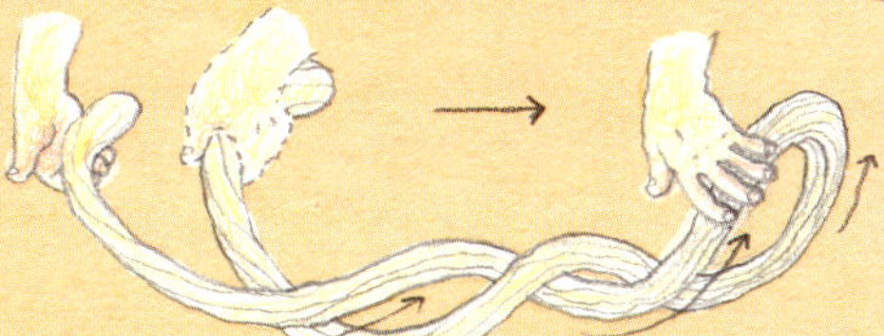

❻ 길게 늘어난 반죽을 다시 꼬면서 반으로 접고 또 흔든다. 이렇게 몇 번 하면 가느다란 국수가 된다.

❼ 국수를 끓는 물에 삶는다.

❽ 다 익으면 건져서 바로 찬물에 헹구어야 더 쫄깃쫄깃해진다.

쫀득쫀득한 국수, 대령이오! 여기에 어떤 양념이나 국물을 얹을까요? 짜장면? 우동? 아니면 짬뽕?

신흥반점 인기 요리

국물이 끝내주는 짬뽕이오!

마파두부
두부 볶음 요리. 두반장이라는 양념을 쓰는데, 두반장은 맛이 고추장이랑 비슷하다.
두부가 으깨지지 않게 살살 섞어 가면서 볶아야 한다. 밥에 비벼 먹으면 두 그릇도 뚝딱!

짬뽕
싱싱한 해물을 넉넉히 넣고 매운 고춧가루 팍팍 뿌려 끓이면 국물 맛이 끝내준다.
손님들도 "아, 시원하다! 어으, 시원해!" 하면서 잘 먹는다.

미리 준비해 둔 짬뽕 해물
중국 요리는 센 불에 빨리 요리하는 게 많다. 재료를 다듬어 놓았다가 먹기 바로 전에 후다닥 볶아야 한다.
그래야 채소도 아삭아삭하고 고기나 해물도 즙이 빠지지 않아서 더 맛있다.

한 그릇에 한 덩이씩.

뭐 먹고 싶어? 삼선볶음밥? 사천짜장? 난자완스? 깐쇼새우?
무엇이든 주문해. 우리 아빠가 다 만들어 줄 거야.

물만두

짜장? 짬뽕? 짜장?
아아, 뭘 먹지?

간짜장

쟁반짜장

해물이 산더미!

삼선우동

식사부	짜장면	우동	짬뽕	간짜장	쟁반짜장	울면	사천짜장	삼선짜장	삼선짬...
요리부	탕수육	라조기	라조육	깐풍기	깐풍새우	유산슬	양장피	팔보채	

사천짜장

누룽지탕
방금 튀긴 누룽지에
새우나 오징어가 들어간
뜨거운 국물을 부으면,
"치익!" 소리가 난다. 후후
불면서 먹는 맛이 그만!

양장피
양장피는 녹두 녹말로 만드는데,
보들보들하고 쫄깃하다. 양장피를
가운데 놓고, 해물이랑 버섯, 채소,
기름에 부친 달걀을 채 썰어 큰
접시에 예쁘게 돌려 담아 낸다.
겨자 양념을 뿌려 먹으면 톡 쏘는
맛이 난다.

유산슬
해삼, 버섯, 새우, 돼지고기, 죽순 들을
가늘게 채 썰어 볶아 만드는 요리.

고추잡채
고추잡채는 조금 매운 듯해도, 맛이
심심한 꽃빵에 싸 먹으면 잘 어울린다.

춘권
튀긴 만두랑 비슷한데
만두보다 밀가루 거죽이 얇다.

아, 맛있겠다.

소고기잡채

팔보채
여덟 가지 보물로 만들어서 팔보채! 해삼,
닭고기, 새우, 죽순, 표고버섯, 양송이버섯,
소라, 오징어 들로 만드는 맛난 요리.

마파두부	삼선볶음밥	오무라이스	잡채밥	볶음밥	짬뽕밥
춘권	물만두	군만두	소고기잡채	오향장육	도미찜	누룽지탕

난자완스
돼지고기를 다져서 완자로 만든
뒤에 간장 양념에 조리듯 지져
낸다. 완자는 다진 고기에
달걀이랑 녹말을 섞어 동그랗게
빚은 뒤 기름에 튀겨 만든다.

도미찜

뭐 먹지?

깐풍기
닭고기를 튀겨서 양념 넣고 볶는 요리.

양장피,
고추잡채,
그리고
고량주 두 병!

나는 딱
한 잔이면
되는데.

오향장육

삼선볶음밥

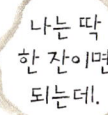

깐풍새우
깐풍기는 닭고기, 깐풍육은 돼지고기,
깐풍우육은 소고기, 깐풍새우는
새우로 만든다.

누나,
제발 아무거나 먹자. 배고파.

탕수육은 자주 먹고,
깐풍기는 전에 먹었고,
누룽지탕도 먹어 봤고……
뭐 먹을까?

우리 아빠는 요리도 하고 배달도 해.
오토바이 타고 3분 거리면 어디든 가. 3분이 넘으면 국수가 불어서 맛이 없대.
알겠지? 3분 국수 뽑고, 3분 요리하고, 3분 안에 배달 끝!

아빠 요리하는 거 보고, 배달 전화 받고, 단무지 덜어 놓다 보니 어느새 하루가 훌쩍 갔어.

우리 엄마는 설거지 달인이야.
점심 손님, 배달 손님, 저녁 손님들이 다녀가는 사이사이에 설거지를 하셔.
손이 얼마나 빠른지 몰라.
엄청나게 많은 그릇을 금세 반짝반짝하게 닦아.
하루에 몇 개나 닦냐면…… 그냥 많아. 엄청나게 많아.

엄마는 요리도 나르고, 주문 전화도 받고, 음식 값도 계산해.
아빠가 요리할 때 거들어 주고, 설거지도 하고, 청소도 하고.
그러니까 우리 엄마가 신흥반점 사장님이야.

"나는 티라노사우루스다!"

"야! 방 닦는데 먼지 난다!"

마지막 손님이 가고
설거지도 끝나면 하루를 마무리해.
엄마가 부엌 정리를 하는 동안
아빠는 가게를 쓸고 닦아.
나는 간판 옆에 있는 빨간 등을 꺼.
그게 무슨 뜻이냐면,
"장사 끝났습니다!"

"드르렁 푸~ 드르렁 푸~ 푸푸."
우리 아빠 별명은 '누웠다 3초'야. 바닥에 엉덩이만 닿으면 바로 코를 골아.
엄마는 장부를 꺼내서 정리해.

강희야, 아빠 잠옷 입고 주무시라 해라. 너도 일찍 자야지.

오늘 얼마나 벌었는지, 내일 어디에 돈을 쓰고
얼마나 저축해야 하는지 적어 두는 거야.
오늘은 내 돼지 저금통도 무거워졌어.

예,
텔레비전 쪼매만
보고요.

아빠,
이제 내캉 놀자.

나는 잘 때 아빠 엄마 손 냄새 맡는 게 좋아.
맛있는 냄새가 나거든.
아빠 손은 달콤하고 고소한 냄새,
엄마 손은 짭조름하고 새콤한 냄새.
오늘은 내 손에서도 냄새가 나.
새콤달콤 단무지 냄새.

불과 칼을 잘 다스려야 으뜸 요리사!

중국 요리는 도마, 칼, 팬만 있으면 다 만들 수 있어. 요리 도구가 아주 간단하지.
그만큼 도구를 다루는 솜씨가 좋아야 음식이 맛있어.
그래서 팬 다루는 데 십 년, 칼 다루는 데 십 년 걸린다는 말이 있어.

불

중국 요리는 센 불로 만들어. 기름을 두르고 푸른 연기가 날 때까지 팬을 달군 다음 재료를 넣어. 뜨거운 기름에 눈 깜짝할 사이에 겉이 익어서 속에 있는 맛과 영양이 빠져나가지 못하지. 불을 약하게 쓰면 음식에 기름이 많이 배어 눅눅하고 느끼해.

팬

중국 요리 팬은 밑이 둥글고 아주 두꺼워. 불이 골고루 닿아 열을 고르게 받을 수 있도록 만든 거야. 팬을 흔들면서 재료를 높이 띄웠다가 받았다가 하는데, 이게 바로 식혔다가 익혔다가 하면서 겉과 속을 골고루 익히는 기술이야. 센 불로 요리해도 타지 않는 비법이지.

손잡이가 양쪽에 달린 팬도 있어.

옛날에는 요리사 솜씨를 볼 때, 센 불에 쌀과 콩을 볶아 보라고 했대. 쌀과 콩이 팬 위에서 한껏 달구어지면 이리저리 마구 튀어 오르거든. 그 쌀과 콩을 한 톨도 떨어뜨리지 않는다면 진정한 달인인 거래.

칼

칼을 잘 다룬다는 건 재료가 가진 성질을 잘 알고 있다는 뜻이기도 해.
재료에 따라 칼을 다르게 써야 하니까. 특히 중국 요리는 센 불에서 빨리 만들기 때문에,
재료를 어떤 모양과 크기로 다듬느냐가 중요해.

큰 닭을 뼈째 잘라.

마늘을 칼끝으로 다듬을 수도 있고,
칼을 눕혀서 '탁!' 내리쳐 으깨기도 하지.

칼등으로 고기를 두드려
부드럽게 만들기도 하고.

다진 재료들을 칼에 올려서
한꺼번에 옮기기도 해.

> 무딘 칼로 자르면
> 채소가 으깨지고, 고기 즙도 빠져나가.
> 좋은 모양으로 썰 수도 없고.
> 내 칼은 꼭 내가 간다.
> 음, 날이 살아 있어!

고기 다루는 칼, 채소 다루는 칼을
따로 두고 써야 해.

> 일하러 갑니다.

옛날 중국 사람들은 칼과 도마만
있으면 어디에서든 일하며 살 수
있다고 했대. 요리사들은 자기 칼을
들고 다녀. 먼 곳으로 출장을 가거나
일터를 옮길 때도 자기 손에 익은
칼을 들고 가는 거야.

짜장면이 궁금해

짜장면으로 지구를 감는다고?

우리나라 사람들이 하루에 짜장면을 몇 그릇이나 먹을까? 천 그릇? 만 그릇? 놀라지 마, 육백만 그릇이 넘는대! 날마다 여덟 사람 가운데 한 사람이 짜장면을 먹는 셈이야. 짜장면 육백만 그릇에 들어 있는 국수를 다 이으면 지구 한 바퀴 반을 감을 만큼 길어.

짜장면이 중국 음식이야?

짜장면은 본디 중국 베이징이랑 산둥에 사는 사람들이 집에서 자주 해 먹는 음식이래. 밀가루랑 콩을 발효시킨 장을 기름에 볶은 다음, 삶아 놓은 국수에 얹어서 비벼 먹었어. 백 년 전쯤 인천항에 다른 나라 사람들도 드나들기 시작하면서 산둥 사람들도 많이 오가게 되었는데, 그때 짜장면이 우리나라에 들어왔지. 지금 우리가 먹는 짜장면은 산둥에서 쓰는 면장과는 다른 춘장을 써. 더 까맣고 달아. 그리고 고기랑 채소를 듬뿍 넣어 만들지. 짜장면은 중국에서 들어왔지만 우리 입맛에 맞게 고쳐 만든 음식이야.

이렇게 많은 짜장면이 있어?

간짜장, 유슬짜장, 사천짜장, 유니짜장, 짜장면도 가지가지야. 간짜장은 짜장양념을 만들 때 볶지 않은 춘장을 쓰고, 국물을 붓지 않고 볶아서 재료가 더 아삭아삭해. 유슬짜장은 돼지고기를 길쭉길쭉하게 썰어 넣고 만든 거고, 사천짜장은 고추기름을 넣어서 매콤해. 유니짜장은 재료를 잘게 다져 넣고 볶아서 만든 짜장이야. 오늘은 무슨 짜장면을 먹을까?

네팔

중국 요리가 몇 가지인지 아무도 몰라!

중국은 정말 큰 나라야. 한반도보다 마흔네 배나 넓어. 그래서 추운 고장,
더운 고장이 다 있고, 산이 많은 곳, 들이 넓은 곳, 바다, 사막, 섬, 갯벌도 다 있지.
게다가 한족, 몽골족, 장족같이 오십 개도 넘는 크고 작은 민족들이 모여 살고 있어.
고장마다 나는 재료가 다르고, 민족마다 풍습과 역사도
달라서 요리 종류가 아주 많아.

베이징 요리
황제가 살던 곳이라 궁중 요리가 많아.

오리구이
오리를 통째로 구운 요리.

피단
오리 알을 삭혀서 만든 요리.

교자
만두랑 비슷한 요리.

짜장면

쓰촨 요리
추위도 더위도 심한 곳이라 혀가 얼얼할 만큼 매운 요리가 많고, 산이 깊어서 절이거나 말린 재료를 많이 써.

마파두부

누룽지탕

광둥 요리
여러 나라 요리를 만나서 더 맛있는 요리가 태어났어.

탕수육

딤섬
한 입 크기로 만든 중국 만두. 딤섬은 '마음에 점을 찍는다.'는 뜻이야. 그만큼 간단한 음식이지.

팔보채

불도장
잉어 부레, 사슴 힘줄, 동충하초, 상어 지느러미, 도가니, 송이버섯 같은 귀한 재료들을 푹 달여서 만든 요리. 너무 맛있는 냄새가 나서 스님들도 먹고 싶어 담을 넘는다나 어쩐다나.

상하이 요리
농사 짓기 좋은 땅에다 강이랑 바다도 있어 요리 재료가 많아.

털게찜

생선찜

볶음밥

동파육
삶은 돼지고기를 양념에 재어 놓았다가 기름에 조려 낸 요리. 옛날 중국 시인 소동파 아저씨가 무척 좋아했대.

우리는 음식을 만드는 사람들

만드는 음식은 달라도 "맛있게 먹고 건강해지세요!" 하는 마음은 같아.
음식은 입으로 들어가서 우리 몸이 되고 힘이 되지. 그래서 좋은 재료로 정성껏
만들어야 하고, 늘 기쁜 마음으로 먹어야 해.

아름다운 커피
커피 한 모금만 마셔 보아도 어떤 커피콩으로 얼마나 볶았는지 알 수 있어. 커피콩도 종류가 많아서 콩마다 가진 본디 맛을 내려고 애쓰고 있어.

영양사
초등학교에서 영양사로 일하고 있어. 요리를 하지는 않지만 아이들이 건강하게 자라는 데 필요한 영양분을 골고루 먹을 수 있도록 식단을 짜. 밥이 보약이라는 말도 있지? 날마다 밥 잘 먹는 것이 으뜸이야.

파스타와 피자
스파게티를 아주아주 좋아해서 이탈리아까지 가서 배워 왔어. 재료는 우리나라에서 나는 걸 써. 피자도 굽는데, 어떤 재료를 올리면 더 맛이 있을까 늘 연구해.

코끼리 분식
청룡초등학교 앞에 있는 우리 가게 떡볶이가 얼마나 맛있는지, 졸업한 아이들도 찾아와서 먹고 간다고. 내 비법은 떡볶이를 만들 때 맛국물을 내서 쓰는 거야.

전주 비빔밥
윤기가 흐르는 밥에 갖가지 나물을 넣고, 고추장과 참기름에 비벼 먹으면 입 안에서 잔치가 벌어지는 것 같지. 우리 집은 무쇠 가마솥에 지은 밥으로 비빔밥을 만들어. 맛있는 밥을 지으려고 쌀 고르는 것부터 공부했어.

엄마손 반찬
요즘은 반찬을 사 먹는 사람들도 많아. 나는 인공 조미료를 쓰지 않고 제철에 나는 재료로 만들어. 엄마가 집에서 해 주는 것처럼 건강한 반찬을 팔겠다고 마음먹었기 때문에 정성껏 만들어. 채소를 잘 안 먹는 아이들을 위해서 채소 동그랑땡을 만들었는데 요즘 아주 인기야.

우리 장 연구소
된장, 고추장, 간장, 청국장, 막장, 장은 우리나라 음식의 바탕이야. 장에 재료를 박아서 장아찌도 만들어. 오래 묵은 장은 귀한 보물이라고.

건강한 빵
아침마다 스물다섯 가지 빵을 만들어. 우리나라에서 키운 밀을 쓰고, 풀어 놓고 기른 닭이 낳은 달걀을 써. 좋은 재료로 빵을 만든다는 소문이 나서 단골손님이 많아.

콩고물팥고물
새벽 일찍부터 떡을 쪄. 쌀이나 찹쌀, 현미 같은 곡식을 물에 불렸다가 가루로 빻아서 떡을 만드는 거야. 거기에 맛있는 고물도 묻히고, 달콤한 소도 넣어. 요즘에는 떡 케이크를 연구해서 만들고 있어.

초밥나라
초밥은 새콤하게 간을 맞춘 밥에 고추냉이를 바르고 생선회나 생선알, 절인 채소 따위를 얹은 음식이야. 생선은 오래 만지면 싱싱한 맛이 없어지기 때문에 빨리 만들어야 해. 그리고 초밥 한 개를 만드는 밥 양을 딱 맞춰야 하지. 그래서 초밥 쥐는 연습만 몇 년씩 했어.

작가의 말

우리 아빠 이쁜 손, 일하는 손

아빠는 요리사였어. 어느 동네에나 있는 작은 중국집 주방장.
우리 가게 신흥반점은 살림방이 딸려 있어서 우리 가족이 사는 집이자 아빠의 일터이기도 했어. 아빠는 중국집 좁은 주방에서 서른 해 넘게 짜장을 볶고 짬뽕을 끓이고 탕수육을 튀기셨지. 내가 주방 뒤 마당에서 소꿉놀이를 할 때도, 가겟방에서 숙제를 할 때도 엄마 아빠는 언제나 일하고 계셨어.

그때는 아빠가 왜 일을 하는지 몰랐어. 내가 그냥 나인 것처럼 아빠도 그냥 아빠였어.

2003년 친구들과 함께 한 그림책 공부 모임에서 일하는 사람 이야기를 처음 시작했어. 나는 아무런 고민 없이 요리사를 택했지. 아빠가 일하는 걸 보고 자랐으니 쉬울 거라고 생각했어. 일 년 동안 아빠를 취재하고, 동네 다른 중국집들도 찾아다녔어.

그렇게 공부하고 취재한 이야기들을 묶어 보았지만, 무슨 이야기를 하고 있는지 나 자신도 잘 모르겠더라고. 다 안다고 생각했는데 책으로 만들려니 너무 힘들었어. 그래서 만들던 책을 덮어 두었어.

몇 해가 지난 뒤, 덮어 두었던 이야기와 그림들을 다시 꺼내 보았어. 그때서야 궁금해지기 시작했어. 아빠한테 요리사라는 일은 어떤 거였을까?

처음부터 다시 시작했지. 아마 내가 그동안 여러 일을 겪으면서 더 자랐나 봐. 어느새 나도 일하는 사람이 되어 있었거든. 이번에는 아빠가 아침 일찍 장을 보면서 했던 말도 들리고, 엄마가 손님들이랑 나누던 말도 들렸어. 하루 장사를 마치고 잠자리에 누워 잠들락 말락 할 때 아빠랑 엄마가 조곤조곤 나누던 말소리도 들렸어.

이웃들도 보이기 시작했어. 아빠가 만든 요리를 맛있게 먹던 손님들……. 이 사람들은 양파랑 감자를 키우는 농부나 새우와 오징어를 잡는 어부일지도 몰라. 짬뽕 담는 그릇을 만드는 사람, 고기 써는 칼이며

탕수육 튀기는 프라이팬을 만드는 사람이었을 수도 있어. 그걸 가져다 파는 사람일 수도 있고. 모두 아빠가 만든 짜장면을 맛있게 먹는 사람들이기도 하고, 아빠가 일을 잘할 수 있도록 돕는 사람들이기도 한 거구나! 우리는 모두 일을 하며 살고, 다른 사람이 하는 일로 도움을 받으면서 사는구나! 이야기를 쓰고 그림을 그리는 내내 즐겁고 신났어. 어릴 때 자주 맡던 그리운 냄새들이 나는 것 같았거든. 달콤하고 고소하고 짭조름한 우리 아빠 손 냄새. 일하는 사람의 손 냄새.

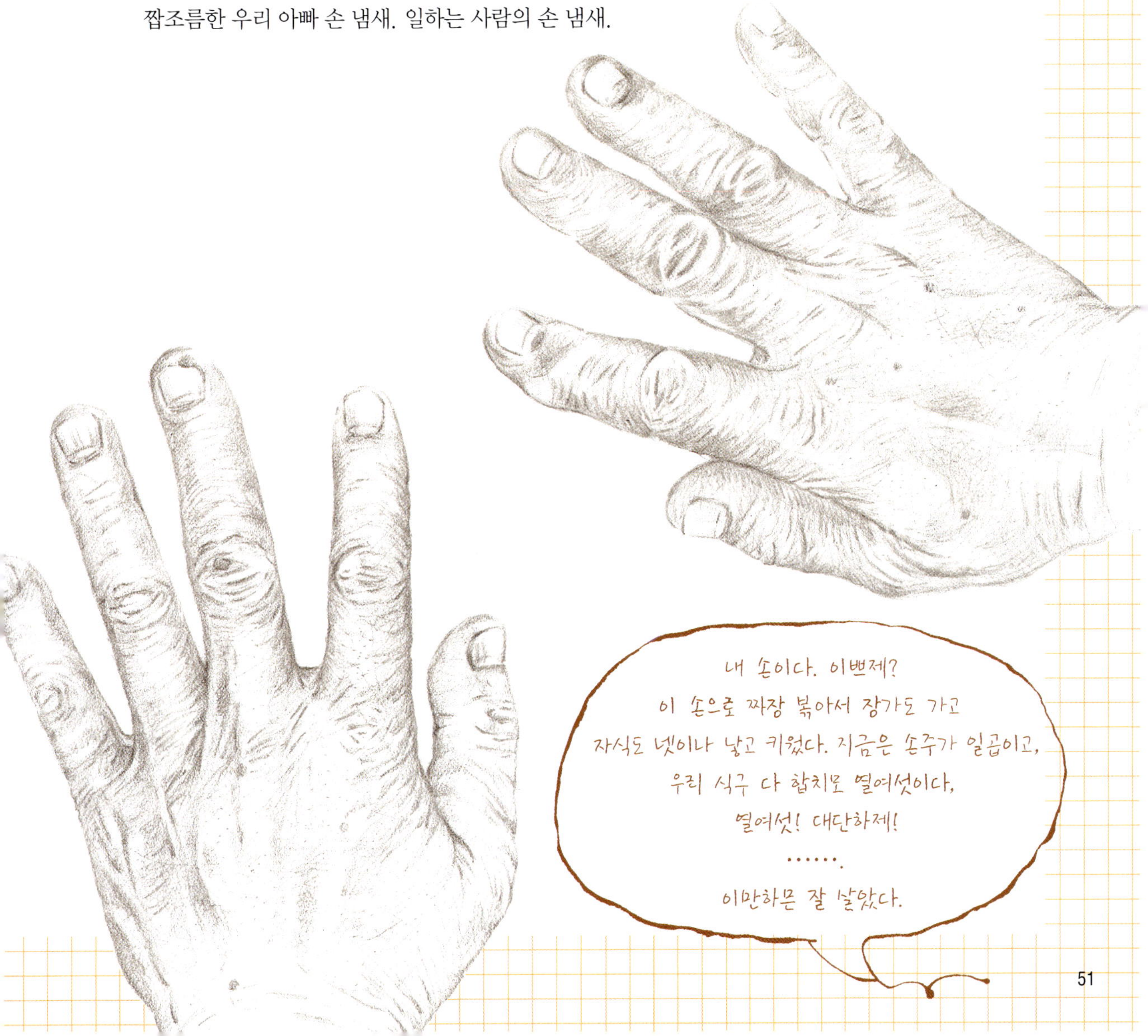

> 내 손이다. 이쁘제?
> 이 손으로 짜장 볶아서 장가도 가고
> 자식도 넷이나 낳고 키웠다. 지금은 손주가 일곱이고,
> 우리 식구 다 합치모 열여섯이다,
> 열여섯! 대단하제!
> ……
> 이만하문 잘 살았다.

글·그림 **이혜란**

중국집 가겟방에서 태어났습니다. 어릴 때 다락방에서 세계명작전집을 보며 아름다운 그림에 푹 빠져 놀았습니다.
뒷마당 사는 강아지와 고양이, 닭, 토끼랑 함께 자랐고, 꽃밭도 가꾸었습니다.
대학에서 시각디자인을 공부하고 출판사와 애니메이션 회사에도 다녔습니다.
한국일러스트레이션학교에서 그림책을 공부하고 지금은 그림책 만드는 일을 하고 있습니다.
그림책『우리 가족입니다』로 2005년 보림창작그림책공모전 대상을 받았으며
『니가 어때서 그카노』『외로움아, 같이 놀자』『산나리』같은 책에도 그림을 그렸습니다.
좀 더 따뜻한 세상이 되었으면, 서로 돕고 아끼며 살았으면 하는 바람으로 이 책을 쓰고 그렸습니다.

일과 사람 01 중국집 요리사

짜장면 더 주세요!

2010년 4월 30일 1판 1쇄
2024년 1월 20일 1판 15쇄

ⓒ이혜란, 곰곰 2010

글·그림 : 이혜란 | 감수 : 여경옥(요리 전문가, 혜전대학 외식조리학과 교수)
기획·편집 : 곰곰(전미경, 안지혜, 심상진) | 디자인 : 권석연 | 제작 : 박홍기 | 마케팅 : 이병규, 양현범, 이장열, 김지원
홍보 : 조민희 | 출력 : 한국커뮤니케이션 | 인쇄 : 코리아 피앤피 | 제책 : 책다움
펴낸이 : 강맑실 펴낸곳 : (주)사계절출판사 | 등록 : 제406-2003-034호
도와주신 분 : 이중남, 배연회, 신흥반점, 보경반점, 행운반점
주소 : (우)10881 경기도 파주시 회동길 252
전화 : 031)955-8588, 8558 | 전송 : 마케팅부 031)955-8595 편집부 031)955-8596
홈페이지 : www.sakyejul.net | 전자우편 : picturebook@sakyejul.com
블로그 : blog.naver.com/skjmail | 페이스북 : facebook.com/sakyejulpicture
트위터 : twitter.com/sakyejul | 인스타그램 : sakyejul_picturebook

값은 뒤표지에 적혀 있습니다. 잘못 만든 책은 구입하신 서점에서 바꾸어 드립니다.
사계절출판사는 성장의 의미를 생각합니다. 사계절출판사는 독자 여러분의 의견에 늘 귀 기울이고 있습니다.
이 책은 저작권법에 따라 보호받는 저작물이므로 무단전재와 복제를 금합니다.

ISBN 978-89-5828-464-2 74370 ISBN 978-89-5828-463-5 74370(세트)